Das ist Oskar.

Finja liebt Oskar.

Oskar liebt Finja.

Oskar will spielen.

Oskar will schlafen.

Finja ruft Oskar.

Oskar kommt.

Oskar kaut.

Oskar fährt Auto.

Oskar ist am Strand.

Oskar schwimmt.

Finja wäscht Oskar.

Oskar hält still.

Oskar liebt Schnee.

Oskar tobt.

Finja und Oskar sind Freunde.